El escenario histórico de la escuela austriaca de economía

Ludwig von Mises

Traductor: Fabricio Terán

INSTITUTOMISES

AUBURN, ALABAMA

Contenido

Carl Menger y la escuela austriaca de economía

1. Los comienzos

Lo que se conoce como la escuela austriaca de economía comenzó en 1871, cuando Carl Menger publicó un pequeño volumen con el título *Grundsätze der Volkswirtschaftslehre*.

Es habitual rastrear la influencia que el medio ejerció sobre los logros del genio. A la gente le gusta atribuir las hazañas de un hombre de genio, al menos en cierta medida, al funcionamiento de su entorno y al clima de opinión de su época y de su país. Independientemente de lo que este método pueda lograr en algunos casos, no cabe duda de que es inaplicable con respecto a aquellos austriacos cuyos pensamientos, ideas y doctrinas son importantes para la humanidad. Bernard Bolzano, Gregor Mendel y Sigmund Freud no fueron estimulados por sus familiares, maestros, colegas o amigos. Sus esfuerzos no encontraron la simpatía de sus compatriotas contemporáneos ni del gobierno de su país. Bolzano y Mendel llevaron a cabo su trabajo principal en un entorno que, en lo que respecta a sus campos especiales, podría llamarse un desierto intelectual, y murieron mucho antes de que la gente empezara a adivinar el valor de sus contribuciones. Freud fue objeto de burlas cuando hizo públicas sus doctrinas por primera vez en la Asociación Médica de Viena.

Se puede decir que la teoría del subjetivismo y del marginalismo que desarrolló Carl Menger estaba en el aire. Había sido prefigurada por varios precursores. Además, más o menos en la misma época en que Menger escribió y publicó su libro, William Stanley Jevons y Léon Walras también escribieron y publicaron libros que exponían el concepto de utilidad marginal. Sea como fuere, lo cierto es que ninguno de sus profesores, amigos o colegas se interesó por los problemas que entusiasmaban a Menger. Cuando, algún tiempo antes del estallido de la primera guerra mundial, le hablé de las reuniones informales, pero periódicas, en las que los jóvenes economistas vieneses solíamos discutir problemas de teoría económica, observó pensativo: «Cuando yo tenía tu edad, nadie en Viena se preocupaba de estas cosas». Hasta finales de los años setenta no existía la «escuela austriaca». Sólo existía Carl Menger.

Eugen von Böhm-Bawerk y Friedrich von Wieser nunca estudiaron con Menger. Habían terminado sus estudios en la Universidad de Viena antes de que Menger comenzara a dar conferencias como *Privat-Dozent*. Lo que aprendieron de Menger, lo obtuvieron del estudio de los *Grundsätze*. Cuando regresaron a Austria, después de pasar un tiempo en las universidades alemanas, especialmente en el seminario de Karl Knies en Heidelberg, y publicaron sus primeros libros, fueron nombrados para enseñar economía en las universidades de Innsbruck y Praga respectivamente. Muy pronto, algunos hombres más jóvenes que habían pasado por el seminario de Menger, y habían estado expuestos a su influencia personal, ampliaron el número de autores que contribuyeron a la investigación económica. En el extranjero empezaron a referirse a estos autores como «los austriacos». Pero la denominación de «escuela austriaca de economía» sólo se utilizó más tarde, cuando su antagonismo con la escuela histórica alemana salió a la luz tras la publicación, en 1883, del segundo libro de Menger, *Untersuchungen über die Methode der Sozialwissenschaften und der Politischen Oekonomie insbesondere*.

2. La escuela austriaca de economía y las universidades austriacas

El gabinete austriaco en cuyo departamento periodístico trabajaba Menger a principios de los años setenta —antes de su nombramiento en 1873 como profesor adjunto en la Universidad de Viena— estaba compuesto por miembros del Partido Liberal que defendía las libertades civiles, el gobierno representativo, la igualdad de todos los ciudadanos ante la ley, la moneda sana y el libre comercio. A finales de los años setenta, el Partido Liberal fue desalojado por una alianza de la Iglesia, los príncipes y condes de la aristocracia checa y polaca y los partidos nacionalistas de las distintas nacionalidades eslavas. Esta coalición se oponía a todos los ideales que los liberales habían apoyado. Sin embargo, hasta la desintegración del Imperio de los Habsburgo en 1918, la Constitución que los liberales habían inducido a aceptar al Emperador en 1867 y las leyes fundamentales que la complementaban siguieron siendo válidas en general.

En el clima de libertad que garantizaban estos estatutos, Viena se convirtió en el centro de los precursores de nuevas formas de pensamiento. Desde mediados del siglo XVI hasta finales del XVIII, Austria fue ajena al esfuerzo intelectual de Europa. Nadie en Viena —y menos aún en otras partes de los dominios austriacos— se preocupaba por la filosofía, la literatura y la ciencia de Europa occidental. Cuando Leibniz y, más tarde, David Hume visitaron Viena, no se encontró allí a ningún nativo que se interesara por su trabajo.[1] Con la excepción de Bolzano, ningún austriaco antes de la segunda parte del siglo XIX aportó nada importante a las ciencias filosóficas o históricas.

---

[1] El único vienés contemporáneo que apreciaba la obra filosófica de Leibniz era el príncipe Eugenio de Saboya, descendiente de una familia francesa, nacido y educado en Francia

Pero cuando los liberales eliminaron los grilletes que impedían cualquier esfuerzo intelectual, cuando abolieron la censura y denunciaron el concordato, las mentes eminentes comenzaron a converger hacia Viena. Algunos venían de Alemania —como el filósofo Franz Brentano y los abogados y filósofos Lorenz von Stein y Rudolf von Jhering— pero la mayoría procedía de las provincias austriacas; unos pocos eran vieneses de nacimiento. No había conformidad entre estos líderes, ni entre sus seguidores. Brentano, el ex-dominico, inauguró una línea de pensamiento que finalmente condujo a la fenomenología de Husserl. Mach fue el exponente de una filosofía que dio lugar al positivismo lógico de Schlick, Carnap y su «Círculo de Viena». Breuer, Freud y Adler interpretaron los fenómenos neuróticos de una manera radicalmente diferente a los métodos de Krafft-Ebing y Wagner-Jauregg.

El «Ministerio de Culto e Instrucción» austriaco miraba con recelo todos estos esfuerzos. Desde principios de los años ochenta, el ministro del gabinete y el personal de este departamento habían sido elegidos entre los conservadores más fiables y enemigos de todas las ideas e instituciones políticas modernas. No tenían más que desprecio por lo que a sus ojos eran modas extravagantes». Hubieran querido prohibir a las universidades el acceso a toda esta innovación.

Pero el poder de la administración estaba seriamente restringido por tres «privilegios» que las universidades habían adquirido bajo el impacto de las ideas liberales. Los profesores eran funcionarios y, como todos los demás funcionarios, estaban obligados a obedecer las órdenes de sus superiores, es decir, del ministro del gabinete y de sus ayudantes. Sin embargo, estos superiores no tenían derecho a interferir en el contenido de las doctrinas impartidas en las clases y seminarios; en este sentido, los profesores gozaban de la tan mentada «libertad académica». Además, el Ministro estaba obligado —aunque esta obligación nunca se había manifestado de forma inequívoca— a cumplir en el nombramiento de los profesores (o, para hablar con más precisión, en la sugerencia al Emperador del nombramiento de un profesor) con las sugerencias realizadas por el profesorado interesado. Por último, estaba la institución del *Privat-Dozent*. Un médico que hubiera publicado un libro erudito podía solicitar a la facultad que lo admitiera como profesor libre y privado de su disciplina; si la facultad decidía a favor del peticionario, se requería aún el consentimiento del Ministro; en la práctica este consentimiento, antes de los días del régimen de Schuschnigg, siempre se daba. El *Privat-Dozent* debidamente admitido no era, en esta calidad, un funcionario. Aunque se le concediera el título de profesor, no recibía ninguna compensación del gobierno. Unos pocos *Privat-Dozent* podían vivir de sus propios fondos. La mayoría trabajaba para ganarse la vida. Su derecho a cobrar los honorarios pagados por los alumnos que asistían a sus cursos carecía prácticamente de valor en la mayoría de los casos.

El efecto de esta organización de los asuntos académicos era que los consejos de profesores gozaban de una autonomía casi ilimitada en la gestión de sus escuelas. La economía se impartía en las Escuelas de Leyes y Ciencias Sociales (*Rechts und staatswissenschaftliche Fakultäten)* de las universidades. En la mayoría de estas universidades había dos cátedras de economía. Si una de estas cátedras quedaba vacante, un cuerpo de abogados tenía que elegir —con la colaboración, como máximo, de un economista— al futuro titular. Por lo tanto, la decisión recaía en personas que no eran economistas. Cabe suponer que estos profesores de derecho estaban guiados por las mejores intenciones. Pero no eran economistas. Tenían que elegir entre dos escuelas de pensamiento opuestas, la «escuela austriaca» por un lado, y la escuela histórica supuestamente «moderna» que se enseñaba en las universidades del Reich alemán, por otro. Aunque sus prejuicios políticos y nacionalistas no les perturbaban, no podían evitar sentir cierta desconfianza hacia una línea de pensamiento que los profesores de las universidades del Reich alemán denominaban específicamente austriaca. Nunca antes se había originado en Austria un nuevo modo de pensar. Las universidades austriacas habían sido estériles hasta que —después de la revolución de 1848— se habían reorganizado según el modelo de las universidades alemanas. Para las personas que no estaban familiarizadas con la economía, el predicado «austriaco» aplicado a una doctrina tenía fuertes connotaciones de los oscuros días de la Contrarreforma y de Metternich. Para un intelectual austriaco, nada podía parecer más desastroso que una recaída de su país en la inanidad espiritual de los buenos tiempos.

Carl Menger, Wieser y Böhm-Bawerk habían obtenido sus cátedras en Viena, Praga e Innsbruck antes de que el *Methodenstreit* empezara a aparecer en la opinión de los profanos austriacos como un conflicto entre la ciencia «moderna» y el «atraso» austriaco. Sus colegas no les guardaban ningún rencor personal. Pero, siempre que era posible, intentaban llevar a los seguidores de la escuela histórica de Alemania a las universidades austriacas. Aquellos a los que el mundo llamaba los «economistas austriacos» eran, en las universidades austriacas, forasteros tolerados con cierta reticencia.

3. La escuela austriaca en la vida intelectual de Austria

Las universidades francesas y alemanas más distinguidas no eran, en la gran época del liberalismo, meras instituciones de enseñanza que proporcionaban a las nuevas generaciones de profesionales la instrucción necesaria para el ejercicio satisfactorio de sus profesiones. Eran centros de cultura. Algunos de sus profesores eran conocidos y admirados en todo el mundo. A sus cursos asistían no sólo los estudiantes regulares que planeaban obtener títulos académicos, sino también muchos hombres y mujeres maduros que estaban activos en las profesiones, en los negocios o en la política y que no esperaban de las conferencias más que una gratificación intelectual. Estas personas, que no eran estudiantes en el sentido técnico, acudían, por ejemplo, a los cursos de Renan, Fustel de Coulanges y Bergson en París, y a los de Hegel, Helmholtz, Mommsen y Treitschke en Berlín. El público culto se interesaba seriamente por el trabajo de los círculos académicos. La élite leía los libros y las revistas publicadas por los profesores, se unía a sus sociedades escolásticas y seguía con avidez los debates de las reuniones.

Algunos de estos aficionados que sólo dedicaban horas de ocio a sus estudios se elevaron por encima del nivel de diletantismo. La historia de la ciencia moderna registra los nombres de muchos de estos gloriosos «outsiders». Es, por ejemplo, un hecho característico que la única contribución notable, aunque no marque una época, a la economía que se originó en la Alemania del segundo Reich procedió de un ocupado abogado de empresa, Heinrich Oswalt, de Frankfurt, una ciudad que en el momento en que se escribió su libro no tenía universidad.[2]

También en Viena, la estrecha asociación de los profesores universitarios con el público culto de la ciudad prevaleció en las últimas décadas del siglo XIX y a principios de nuestro siglo. Comenzó a desaparecer cuando los viejos maestros murieron o se jubilaron y hombres de menor talla obtuvieron sus cátedras. Este fue

---

[2] Cf. H. Oswalt, Vorträge über wirtschaftliche Grundbegriffe, 3ª ed. (Jena, 1920).

el periodo en el que el rango de la Universidad de Viena, así como la eminencia cultural de la ciudad, fue sostenido y ampliado por algunos de los *Privat-Dozent*. El caso más destacado es el del psicoanálisis. Nunca recibió ningún estímulo de ninguna institución oficial; creció y prosperó fuera de la universidad y su única conexión con la jerarquía burocrática del aprendizaje fue el hecho de que Freud era un *Privat-Dozent* con el insignificante título de profesor.

En Viena, como herencia de los años en que los fundadores de la escuela austriaca se habían ganado por fin el reconocimiento, existía un vivo interés por los problemas de la economía. Este interés permitió al autor de este artículo organizar un *Seminario Privado* en los años veinte, fundar la Asociación Económica y crear el Instituto Austriaco de Investigación del Ciclo Comercial, que más tarde cambió su nombre por el de Instituto Austriaco de Investigación Económica.

El *Seminario Privado* no tenía ninguna relación con la Universidad ni con ninguna otra institución. Dos veces al mes, un grupo de académicos, entre los que se encontraban varios *Privat-Dozents*, se reunían en el despacho del actual escritor en la Cámara de Comercio austriaca. La mayoría de los participantes pertenecían al grupo de edad que había comenzado los estudios académicos tras el final de la primera guerra mundial. Algunos eran mayores. Les unía un ardiente interés por todo el campo de las ciencias de la acción humana. En los debates se trataron problemas de filosofía, de epistemología, de teoría económica y de las diversas ramas de la investigación histórica. El *Seminario Privat* dejó de celebrarse cuando, en 1934, el autor fue nombrado catedrático de relaciones económicas internacionales en el Instituto Universitario de Estudios Internacionales de Ginebra (Suiza).

Con la excepción de Richard von Strigl, cuya muerte prematura puso fin a una brillante carrera científica, y de Ludwig Bettelheim-Gabillon, de quien tendremos que hablar más adelante, todos los miembros del *Seminario Privat* encontraron un campo adecuado para la continuación de su trabajo como académicos, autores y profesores fuera de Austria.

En el ámbito del espíritu, Viena desempeñó un papel eminente en los años transcurridos entre la creación del Parlamento a principios de los sesenta y la invasión de los nazis en 1938. El florecimiento se produjo repentinamente tras siglos de esterilidad y apatía. La decadencia ya había comenzado muchos años antes de la irrupción de los nazis.

En todas las naciones y en todas las épocas de la historia, las hazañas intelectuales eran obra de unos pocos hombres y sólo eran apreciadas por una pequeña élite. La mayoría miraba estas hazañas con odio y desdén; en el mejor de los casos, con indiferencia. En Austria y en Viena la élite era especialmente reducida; y el odio de las masas y de sus dirigentes especialmente vitriólico.

4. Böhm-Bawerk y Wieser como miembros del gabinete austriaco

La impopularidad de la economía es el resultado de su análisis de los efectos de los privilegios. Es imposible invalidar la demostración de los economistas de que todos los privilegios perjudican los intereses del resto de la nación o, al menos, de una gran parte de ella, de que los perjudicados sólo tolerarán la existencia de tales privilegios si se les conceden a ellos también, y de que entonces, cuando todo el mundo es privilegiado, nadie gana, sino que todo el mundo pierde a causa de la consiguiente caída general de la productividad del trabajo.[3] Sin embargo, las advertencias de los economistas son desatendidas por la codicia de las personas que son plenamente conscientes de su incapacidad para tener éxito en un mercado competitivo sin la ayuda de privilegios especiales. Confían en que obtendrán privilegios más valiosos que otros grupos o que estarán en condiciones de impedir, al menos durante algún tiempo, la concesión de privilegios compensatorios a otros grupos. A sus ojos, el economista no es más que un malhechor que quiere desbaratar sus planes.

Cuando Menger, Böhm-Bawerk y Wieser iniciaron su carrera científica, no se preocuparon por los problemas de la política económica ni por el rechazo al intervencionismo de la economía clásica. Consideraban que su vocación era asentar la teoría económica sobre una base sólida y estaban dispuestos a dedicarse por completo a esta causa. Menger desaprobaba de corazón la política intervencionista que el Gobierno austriaco —como casi todos los gobiernos de la época— había adoptado. Pero no creía que pudiera contribuir a la vuelta a las buenas políticas de otra manera que no fuera exponiendo la buena economía en sus libros y artículos, así como en su enseñanza universitaria.

Böhm-Bawerk se incorporó al personal del Ministerio de Hacienda austriaco en 1890. En dos ocasiones ocupó el cargo de Ministro de Hacienda en un gabinete provisional. De 1900 a 1904 fue Ministro de Finanzas en el gabinete presidido por Ernest von Körber. Los principios de Böhm en el desempeño de este cargo fueron: el mantenimiento estricto de la paridad del oro de la moneda, fijada legalmente, y un presupuesto equilibrado sin ayuda del banco central. Un eminente académico, Ludwig Bettelheim-Gabillon, tenía previsto publicar una obra completa en la que se analizara la

---

[3] Cf. Mises, Human Action, 3ª edición (1966), pp. 716-861.

actividad de Böhm-Bawerk en el Ministerio de Finanzas. Por desgracia, los nazis mataron al autor y destruyeron su manuscrito.[4]

Durante la primera guerra mundial, Wieser fue durante algún tiempo Ministro de Comercio del Gabinete austriaco. Sin embargo, su actividad se vio bastante obstaculizada por los amplios poderes — ya otorgados antes de que Wieser asumiera el cargo— a un funcionario del ministerio, Richard Riedl. Prácticamente sólo los asuntos de importancia secundaria quedaban bajo la jurisdicción del propio Wieser.

---

[4] Sólo se conservan dos capítulos que el autor había publicado antes del Anschluss: «Böhm-Bawerk und die Brüsseler Zuckerkonvention» y «Böhm-Bawerk und die Konvertierung von Obligationen der einheitlichen Staatsschuld» en Zeitschrift für Nationalökonomie, vol. VII y VIII (1936 y 1937).

El conflicto con la escuela histórica alemana

1. El rechazo alemán a la economía clásica

La hostilidad que las enseñanzas de la teoría económica clásica encontraron en el continente europeo fue causada principalmente por preposiciones políticas. La economía política, tal como fue desarrollada por varias generaciones de pensadores ingleses, expuesta brillantemente por Hume y Adam Smith y perfeccionada por Ricardo, fue el resultado más exquisito de la filosofía de la Ilustración. Era la esencia de la doctrina liberal que pretendía el establecimiento de un gobierno representativo y la igualdad de todos los individuos ante la ley. No es de extrañar que fuera rechazada por todos aquellos cuyos privilegios atacaba. Esta propensión a despreciar la economía se vio considerablemente reforzada en Alemania por el creciente espíritu nacionalista. El estrecho repudio de la civilización occidental —filosofía, ciencia, doctrina e instituciones políticas, arte y literatura— que finalmente desembocó en el nazismo, se originó en una detracción apasionada de la economía política británica.

Sin embargo, no hay que olvidar que también hubo otros motivos para esta revuelta contra la economía política. Esta nueva rama del conocimiento planteaba problemas epistemológicos y filosóficos para los que los estudiosos no encontraban una solución satisfactoria. No podía integrarse en el sistema tradicional de epistemología y metodología. La tendencia empirista que domina la filosofía occidental sugería considerar la economía como una ciencia experimental como la física y la biología. La idea misma de que una disciplina que se ocupa de problemas «prácticos» como los precios y los salarios pudiera tener un carácter epistemológico diferente al de otras disciplinas que se ocupan de cuestiones prácticas, escapaba a la comprensión de la época. Pero, por otra parte, sólo los positivistas más fanáticos no se dieron cuenta de que no se podían realizar experimentos en el campo sobre el que la economía trata de aportar conocimientos.

No tenemos que ocuparnos aquí del estado de cosas tal y como se desarrolló en la época del neopositivismo o del hiperpositivismo del siglo XX. Hoy en día, en todo el mundo, pero en primer lugar en los Estados Unidos, multitud de estadísticos están ocupados en institutos dedicados a lo que la gente cree que es la «investigación económica». Recogen las cifras proporcionadas por los gobiernos y las distintas unidades empresariales, las reordenan, las reajustan y las reimprimen, calculan promedios y dibujan gráficos. Suponen que con ello están «midiendo» el «comportamiento» de la humanidad y que no hay ninguna diferencia digna de mención entre sus métodos de investigación y los aplicados en los laboratorios de investigación física, química y biológica. Miran con lástima y desprecio a los economistas que, como dicen, al igual que los botánicos de la «antigüedad», se basan en «mucho pensamiento especulativo» en lugar de en «experimentos».[5] Y están plenamente convencidos de que de su incesante esfuerzo surgirá algún día un conocimiento final y completo que permitirá a la autoridad planificadora del futuro hacer a toda la gente perfectamente feliz.

Pero con los economistas de la primera parte del siglo XIX, la mala construcción de los fundamentos de las ciencias de la acción humana no llegó todavía tan lejos. Sus intentos de abordar los problemas epistemológicos de la economía resultaron, por supuesto, un completo fracaso. Sin embargo, en retrospectiva, podemos decir que esta frustración fue un paso necesario en el camino que condujo a una solución más satisfactoria del problema. Fue el tratamiento

---

[5] Cf. Arthur F. Burns, The Frontiers of Economic Knowledge (Princeton University Press, 1954), p. 189

abortado por John Stuart Mill de los métodos de las ciencias morales lo que expuso involuntariamente la inutilidad de todos los argumentos presentados a favor de la interpretación empirista de la naturaleza de la economía.

Cuando los alemanes comenzaron a estudiar las obras de la economía clásica británica, aceptaron sin reparos el supuesto de que la teoría económica se deriva de la experiencia. Pero esta simple explicación no podía satisfacer a quienes no estaban de acuerdo con las conclusiones que, de la doctrina clásica, debían deducirse para la acción política. Muy pronto plantearon preguntas: ¿No es la experiencia de la que los autores británicos dedujeron sus teoremas diferente de la que habría tenido un autor alemán? ¿No es la economía británica defectuosa por el hecho de que el material de la experiencia de la que se destila fue sólo Gran Bretaña y sólo la Gran Bretaña de los Georges hannoverianos? ¿Existe, después de todo, una ciencia económica válida para todos los países, naciones y épocas?

Es obvio cómo respondían a estas tres preguntas quienes consideraban la economía como una disciplina experimental. Pero tal respuesta equivalía a la negación apodíctica de la economía como tal. La Escuela Histórica habría sido coherente si hubiera rechazado la idea misma de que tal cosa como una ciencia de la economía es posible, y si se hubiera abstenido escrupulosamente de hacer otras afirmaciones que no fueran informes sobre lo que había sucedido en un momento definido del pasado en una parte definida de la tierra. Una anticipación de los efectos que se pueden esperar de un acontecimiento concreto sólo puede hacerse sobre la base de una teoría que pretenda tener una validez general y no sólo para lo que ocurrió en el pasado en un país concreto. La Escuela Histórica negó rotundamente que existieran teoremas económicos de validez universal. Pero esto no les impidió recomendar o rechazar —en nombre de la ciencia— diversas opiniones o medidas destinadas necesariamente a afectar a las condiciones futuras.

Estaba, por ejemplo, la doctrina clásica sobre los efectos del libre comercio y la protección. Los críticos no se embarcaron en la tarea (desesperada) de descubrir algunos silogismos falsos en la cadena de razonamiento de Ricardo. Se limitaron a afirmar que las soluciones «absolutas» no son concebibles en estas cuestiones. Hay situaciones históricas, dijeron, en las que los efectos provocados por el libre comercio o la protección difieren de los descritos por la teoría «abstracta» de los autores «de salón». Para apoyar su opinión, se refirieron a varios precedentes históricos. Al hacerlo, olvidaron alegremente considerar que los hechos históricos, al ser siempre el resultado conjunto de la operación de una multitud de factores, no pueden demostrar ni refutar ningún teorema.

Así, la economía en el segundo Reich alemán, representada por los profesores universitarios nombrados por el Gobierno, degeneró en una colección poco sistemática y mal surtida de diversos retazos de conocimiento tomados de la historia, la geografía, la tecnología, la jurisprudencia y la política de partidos, mechados con comentarios despectivos sobre los errores de las «abstracciones» de la escuela clásica. La mayoría de los profesores hacían propaganda con más o menos ahínco en sus escritos y en sus cursos a favor de la política del Gobierno Imperial: conservadurismo autoritario, *Sozialpolitik*, proteccionismo, enormes armamentos y nacionalismo agresivo. Sería injusto considerar esta intrusión de la política en el tratamiento de la economía como un fenómeno específicamente alemán. En última instancia, fue causada por la vicisitud de la interpretación epistemológica de la teoría económica, un fallo que no se limitó a Alemania.

Un segundo factor que hizo que la Alemania del siglo XIX en general, y especialmente las universidades alemanas, miraran con recelo a la economía política británica fue su preocupación por la riqueza y su relación con la filosofía utilitaria.

Las definiciones que entonces prevalecían de la economía política la describían como la ciencia que se ocupa de la producción y la distribución de la riqueza. Tal disciplina no podía ser sino despreciable a los ojos de los profesores alemanes. Los profesores se consideraban a sí mismos como personas que se dedicaban con abnegación a la búsqueda del conocimiento puro y no, como las huestes de banáusicos hacedores de dinero, se preocupaban por las posesiones terrenales. La mera mención de cosas tan bajas como la riqueza y el dinero era un tabú entre personas que presumían de su alta cultura (*Bildung*). Los profesores de economía sólo podían conservar su posición en los círculos de sus colegas señalando que el tema de sus estudios no eran las mezquinas preocupaciones de los negocios con ánimo de lucro, sino la investigación histórica, por ejemplo, sobre las elevadas hazañas de los electores de Brandeburgo y los reyes de Prusia.

No menos grave fue el asunto del utilitarismo. La filosofía utilitaria no era tolerada en las universidades alemanas. De los dos utilitaristas alemanes más destacados, Ludwig Feuerbach nunca consiguió ningún puesto de profesor, mientras que Rudolf von Jhering fue profesor de Ley Romana. Todos los malentendidos que desde hace más de dos mil años se han esgrimido contra el hedonismo y el eudemonismo fueron refritos por los profesores de *Staatswissenschaften* en su crítica a los economistas británicos.[6] S

---

[6] Más tarde se emplearon argumentos similares para desacreditar el pragmatismo. La sentencia de William James según la cual el método

i nada más hubiera despertado las sospechas de los académicos alemanes, habrían condenado la economía por la única razón de que Bentham y los Mills habían contribuido a ella.

2. La esterilidad de Alemania en el campo de la economía

Las universidades alemanas eran propiedad de los distintos reinos y grandes ducados que formaban el Reich y estaban gestionadas por ellos.[7] Los profesores eran funcionarios y, como tales, debían obedecer estrictamente las órdenes y reglamentos dictados por sus superiores, los burócratas de los ministerios de instrucción pública. Esta subordinación total e incondicional de las universidades y sus enseñanzas a la supremacía de los gobiernos fue cuestionada -en vano- por la opinión pública liberal alemana, cuando en 1837 el rey de Hannover despidió a siete profesores de la Universidad de Gotinga que protestaron contra la violación de la Constitución por parte del rey. Los gobiernos no hicieron caso a la reacción de la opinión pública. Siguieron despidiendo a los profesores con cuyas doctrinas políticas o religiosas no estaban de acuerdo. Pero al cabo de un tiempo recurrieron a métodos más sutiles y eficaces para convertir a los profesores en fieles partidarios de la política oficial. Seleccionaron escrupulosamente a los candidatos antes de nombrarlos. Sólo los hombres de confianza obtuvieron las cátedras. Así, la cuestión de la libertad académica pasó a un segundo plano. Los profesores, por decisión propia, sólo enseñaban lo que el gobierno les permitía.

---

pragmático pretende sacar de cada palabra «su valor práctico en efectivo» (Pragmatismo, 1907, p. 53) fue citada para caracterizar la mezquindad de la «filosofía del dólar».

[7] El propio Reich sólo poseía y gestionaba la Universidad de Estrasburgo. Las tres ciudades-repúblicas alemanas no tenían en ese momento ninguna universidad.

La guerra de 1866 había puesto fin al conflicto constitucional prusiano. El partido del rey —el partido conservador de los Junkers, dirigido por Bismarck— se impuso al partido progresista prusiano, que defendía el gobierno parlamentario, y también a los grupos democráticos del sur de Alemania. En el nuevo escenario político, primero del *Norddeutscher Bund* y, después de 1871, del *Deutsches Reich*, no quedaba espacio para las doctrinas «ajenas» del manchesterismo y el laissez faire. Los vencedores de Königgrätz y Sedan pensaron que no tenían nada que aprender de la «nación de comerciantes» -los británicos- ni de los franceses derrotados.

Al estallar la guerra de 1870, uno de los más eminentes científicos alemanes, Emil du Bois-Reymond, se jactaba de que la Universidad de Berlín era «el guardaespaldas intelectual de la Casa de Hohenzollern». Esto no significaba mucho para las ciencias naturales. Pero tenía un significado muy claro y preciso para las ciencias de la acción humana. Los titulares de las cátedras de historia y de *Staatswissenschaften (es decir,* de ciencias políticas, incluyendo todo lo referente a la economía y las finanzas) sabían lo que su soberano esperaba de ellos. Y lo cumplieron.

De 1882 a 1907, Friedrich Althoff estuvo en el Ministerio de Instrucción prusiano a cargo de los asuntos universitarios. Gobernó las universidades prusianas como un dictador. Como Prusia tenía el mayor número de cátedras lucrativas y, por lo tanto, ofrecía el campo más favorable para los académicos ambiciosos, los profesores de los demás estados alemanes, e incluso los de Austria y Suiza, aspiraban a conseguir puestos en Prusia. De este modo, Althoff podía, por regla general, hacer que también ellos aceptaran prácticamente sus principios y opiniones. En todos los asuntos relacionados con las ciencias sociales y las disciplinas históricas, Althoff confiaba plenamente en los consejos de su amigo Gustav von

Schmoller. Schmoller tenía un olfato infalible para separar las ovejas de las cabras.

En el segundo y tercer cuarto del siglo XIX algunos profesores alemanes escribieron valiosas contribuciones a la teoría económica. Es cierto que las contribuciones más notables de este periodo, las de Thünen y las de Gossen, no fueron obra de profesores, sino de hombres que no ejercían la docencia. Sin embargo, los libros de los profesores Hermann, Mangoldt y Knies serán recordados en la historia del pensamiento económico. Pero después de 1866, los hombres que entraron en la carrera académica sólo despreciaron las «abstracciones incoloras». Publicaron estudios históricos, preferentemente los que trataban de las condiciones laborales del pasado reciente. Muchos de ellos estaban firmemente convencidos de que la tarea más importante de los economistas era ayudar al «pueblo» en la guerra de liberación que libraba contra los «explotadores», y que los líderes del pueblo eran las dinastías, especialmente los Hohenzollern.

3. El *Methodenstreit*

En las *untersuchungen,* Menger rechazó las ideas epistemológicas que subyacían en los escritos de la escuela histórica. Schmoller publicó una crítica bastante despectiva de este libro. Menger reaccionó, en 1884, con un folleto, *Die Irrtümer des Historismus in der Deutschen Nationalökonomie,* Las diversas publicaciones que engendró esta controversia se conocen con el nombre de *methodenstreit*, el choque de métodos.

El *Methodenstreit* contribuyó muy poco a la aclaración de los problemas en cuestión. Menger estaba demasiado sometido al empirismo de John Stuart Mill para llevar su propio punto de vista hasta sus últimas consecuencias lógicas. Schmoller y sus discípulos, empeñados en defender una posición insostenible, ni siquiera se dieron cuenta de lo que era la controversia.

El término *Methodenstreit* es, por supuesto, engañoso. Pues no se trataba de descubrir el procedimiento más adecuado para el tratamiento de los problemas comúnmente considerados como económicos. La cuestión en disputa era esencialmente si podía existir una ciencia, distinta de la historia, que tratara los aspectos de la acción humana.

En primer lugar, el determinismo materialista radical, una filosofía casi universalmente aceptada en Alemania en aquella época por físicos, químicos y biólogos, aunque nunca se haya formulado de forma expresa y clara. Para ellos, las ideas, las voluntades y las acciones humanas son producidas por acontecimientos físicos y químicos que las ciencias naturales describirán un día de la misma manera que hoy describen la aparición de un compuesto químico a partir de la combinación de varios ingredientes. Como único camino que podría conducir a este logro científico final, abogaron por la experimentación en laboratorios fisiológicos y biológicos.

Schmoller y sus discípulos rechazaron apasionadamente esta filosofía, no porque fueran conscientes de sus deficiencias, sino porque era incompatible con los principios religiosos del Gobierno prusiano. Prácticamente preferían una doctrina que no se diferenciaba mucho del positivismo de Comte (al que, por supuesto, despreciaban públicamente por su ateísmo y su origen francés). En efecto, el positivismo, interpretado con sentido, debe desembocar en el determinismo materialista. Pero la mayoría de los seguidores de Comte no se pronunciaron en este sentido. Sus discusiones no siempre excluían la conclusión de que las leyes de la física social (sociología), cuyo establecimiento era en su opinión el objetivo más elevado de la ciencia, podían ser descubiertas por lo que llamaban un método más «científico» de tratar el material reunido por los procedimientos tradicionales de los historiadores. Esta fue la posición que Schmoller adoptó con respecto a la economía. Una y otra vez culpó a los economistas de haber hecho inferencias prematuras a partir de un material cuantitativamente insuficiente. Lo que, en su opinión, se necesitaba para sustituir las generalizaciones apresuradas de los economistas británicos de «sillón» por una ciencia económica realista era más estadística, más historia y más recopilación de «material». A partir de los resultados de esa investigación, los economistas del futuro, sostenía, desarrollarían algún día nuevas ideas por «inducción».

Schmoller estaba tan confundido que no vio la incompatibilidad de su propia doctrina epistemológica y el rechazo del ataque del positivismo a la historia. No se dio cuenta del abismo que separaba sus puntos de vista de los de los filósofos alemanes que derribaron las ideas del positivismo sobre el uso y el tratamiento de la historia - primero Dilthey, y después Windelband, Rickert y Max Weber-. En el mismo artículo en el que censuraba los *Grundsätze* de Menger, revisaba también el primer libro importante de Dilthey, su *Einleitung in die Geisteswissenschaften*. Pero no captó el hecho de que el tenor de la doctrina de Dilthey era la aniquilación de la tesis fundamental de su propia epistemología, a saber, que algunas leyes del desarrollo social podían destilarse de la experiencia histórica.

4. Los aspectos políticos del *Methodenstreit*

La filosofía británica del libre comercio triunfó en el siglo XIX en los países de Europa Occidental y Central. Derribó la tambaleante ideología del Estado benefactor autoritario (*landesfürstlicher Wohlfahrisstaat*) que había guiado las políticas de los principados alemanes en el siglo XVIII. Incluso Prusia viró temporalmente hacia el liberalismo. Los puntos culminantes de su periodo de libre comercio fueron *la* tarifa aduanera *del Zollverein* de 1865 y el Código de Comercio (*Gewerbeordnung*) de 1869 para el territorio del *Norddeutscher Bund* (más tarde el *Deutsches Reich*). Pero muy pronto el gobierno de Bismarck comenzó a inaugurar su *Sozialpolitik*, el sistema de medidas intervencionistas como la legislación laboral, la seguridad social, las actitudes pro-sindicales, los impuestos progresivos, los aranceles protectores, los cárteles y el dumping.[8]

Si se intenta refutar la crítica demoledora de la economía contra la idoneidad de todos estos esquemas intervencionistas, uno se ve obligado a negar la existencia misma —por no hablar de las pretensiones epistemológicas— de una ciencia de la economía, y también de la praxeología. Esto es lo que siempre han hecho todos los defensores del autoritarismo, la omnipotencia gubernamental y las políticas de «bienestar». Culpan a la economía de ser «abstracta» y abogan por un modo «visualizador» (*anschaulich)* de tratar los problemas en cuestión. Subrayan que los asuntos en este campo son demasiado complicados para ser descritos en fórmulas y teoremas. Afirman que las distintas naciones y razas son tan diferentes entre sí que sus acciones no pueden ser comprendidas por una teoría uniforme; se necesitan tantas teorías económicas como naciones y razas. Otros añaden que, incluso dentro de una misma nación o raza, la acción económica es diferente en las distintas épocas de la historia. Estas y otras objeciones similares, a menudo incompatibles entre sí, se plantean para desacreditar la economía como tal.

De hecho, la economía desapareció por completo de las universidades del Imperio Alemán. En la Universidad de Bonn quedó un único epígono de la economía clásica, Heinrich Dietzel, que, sin

---

[8] Cf. Mises, Omnipotent Government (Yale University Press, 1944), pp. 149 y ss.

embargo, nunca entendió lo que significaba la teoría del valor subjetivo. En todas las demás universidades los profesores se dedicaban a ridiculizar la economía y a los economistas. No vale la pena insistir en las cosas que se transmitieron como sustituto de la economía en Berlín, Munich y otras universidades del Reich. A nadie le importa hoy todo lo que Gustav von Schmoller, Adolf Wagner, Lujo Brentano y sus numerosos adeptos escribieron en sus voluminosos libros y revistas.

La importancia política de la obra de la Escuela Histórica consistió en que hizo que Alemania estuviera a salvo de las ideas, cuya aceptación hizo populares entre el pueblo alemán todas aquellas políticas desastrosas que dieron lugar a las grandes catástrofes. El imperialismo agresivo que acabó dos veces en guerra y derrota, la inflación sin límites de principios de los años veinte, la *Zwangswirtschaft* y todos los horrores del régimen nazi fueron logros de políticos que actuaron como les habían enseñado los campeones de la Escuela Histórica.

Schmoller y sus amigos y discípulos abogaban por lo que se ha llamado socialismo de Estado; es decir, un sistema de socialismo-planificación en el que la alta dirección estaría en manos de la aristocracia de los Junkers. Este era el tipo de socialismo al que aspiraban Bismarck y sus sucesores. La tímida oposición que encontraron por parte de un pequeño grupo de empresarios fue insignificante, no tanto por el hecho de que estos opositores no fueran numerosos, sino porque sus esfuerzos carecían de todo respaldo ideológico. Ya no quedaban pensadores liberales en Alemania. La única resistencia que se ofrecía al partido del socialismo de Estado procedía del partido marxista de los socialdemócratas. Al igual que los socialistas de Schmoller —los socialistas de la cátedra (*Kathedersozialisten*)— los marxistas defendían el socialismo. La única diferencia entre los dos grupos radicaba en la elección de las personas que debían dirigir la junta suprema de planificación: los Junkers, los profesores y la burocracia de la Prusia de Hohenzollern, o los funcionarios del partido socialdemócrata y sus sindicatos afiliados.

Así, los únicos adversarios serios con los que la Escuela de Schmoller tuvo que luchar en Alemania fueron los marxistas. En esta controversia, estos últimos se impusieron muy pronto. Porque al menos tenían un cuerpo doctrinal, por muy defectuoso y contradictorio que fuera, mientras que las enseñanzas de la Escuela Histórica eran más bien la negación de toda teoría. En busca de un mínimo de apoyo teórico, la Escuela de Schmoller empezó a tomar prestado, paso a paso, el fondo espiritual de los marxistas. Finalmente, el propio Schmoller hizo suya en gran medida la doctrina marxiana del conflicto de clases y de la impregnación «ideológica» del pensamiento por la pertenencia de clase del pensador. Uno de sus amigos y compañeros de cátedra, Wilhelm Lexis, desarrolló una teoría del interés que Engels caracterizó como una paráfrasis de la teoría marxiana de la explotación.[9] Fue un efecto de los escritos de los campeones de la *Sozialpolitik* que el epíteto «burgués» (*bürgerlich*) adquirió en la lengua alemana una connotación oprobiosa.

La aplastante derrota en la Primera Guerra Mundial hizo añicos el prestigio de los príncipes, aristócratas y burócratas alemanes. Los adeptos a la Escuela Histórica y a la *Sozialpolitik* transfirieron su lealtad a varios grupos escindidos, de los que acabó surgiendo el Partido Nacionalista-Socialista Obrero Alemán, los nazis.

---

[9] Véase el análisis más detallado en Mises, Kritik des interventionismus, (Jena, 1929), pp. 92 y ss.

La línea recta que lleva de la obra de la escuela histórica al nazismo no puede mostrarse al esbozar la evolución de uno de los fundadores de la escuela. Pues los protagonistas de la época *del Methodenstreit* habían terminado el curso de sus vidas antes de la derrota de 1918 y el ascenso de Hitler. Pero la vida del hombre más destacado de la segunda generación de la Escuela ilustra todas las fases de la economía universitaria alemana en el periodo que va de Bismarck a Hitler.

Werner Sombart era, con mucho, el más dotado de los alumnos de Schmoller. Tenía sólo veinticinco años cuando su maestro, en pleno auge *del Methodenstreit*, le confió la tarea de revisar y aniquilar el libro de Wieser, *Der natürliche Wert*. El fiel discípulo condenó el libro como «totalmente insólito».[10] Veinte años después, Sombart se jactaba de haber dedicado buena parte de su vida a luchar por Marx.[11] Cuando estalló la guerra en 1914, Sombart publicó un libro, *Händler und Helden* (*Buhoneros y héroes*).[12] En él, con un lenguaje grosero y soez, rechazaba todo lo británico o anglosajón, pero sobre todo la filosofía y la economía británicas, como manifestación de una mezquina mentalidad de mayorista. Después de la guerra, Sombart revisó su libro sobre el socialismo. Antes de la guerra se había publicado en nueve ediciones.[13] Mientras que las ediciones de antes de la guerra habían alabado el marxismo, la décima edición lo atacaba fanáticamente, especialmente por su carácter «proletario» y su falta de patriotismo y nacionalismo. Unos años más tarde, Sombart intentó revivir el *Methodenstreit* con un volumen lleno de invectivas contra los economistas cuyo pensamiento era incapaz de comprender.[14] Luego, cuando los nazis tomaron el poder, coronó

[10] Cf. Schmoller's Jahrbuch, Vol. 13 (1889), pp. 1488-1490
[11] Cf. Sombart, Das Lebenswerk von Karl Marx (Jena, 1909), p. 3.
[12] Cf. Sombart, Händler und Helden (Munich, 1915).
[13] Cf. Sombart, Der proletarische Sozialismus, 10ª ed. (Jena, 1924), 2 vol.

una carrera literaria de cuarenta y cinco años con un libro sobre el socialismo alemán. La idea rectora de esta obra era que el *Führer* recibe sus órdenes de Dios, el *Führer* supremo del universo, y que *el Führertum* es una revelación permanente.[15]

Así fue el progreso de la economía académica alemana desde la Glorificación de los Electores y Reyes de Hohenzollern de Schmoller hasta la canonización de Adolf Hitler de Sombart.

5. El liberalismo de los economistas austriacos

Platón soñaba con el tirano benévolo que confiaría al sabio filósofo el poder de establecer el sistema social perfecto. La Ilustración no puso sus esperanzas en la aparición más o menos accidental de gobernantes bien intencionados y sabios providentes. Su optimismo respecto al futuro de la humanidad se basaba en la doble fe en la bondad del hombre y en su mente racional. En el pasado, una minoría de villanos —reyes torcidos, sacerdotes sacrílegos, nobles corruptos— podían hacer daño. Pero ahora —según la doctrina de la Ilustración— cuando el hombre ha tomado conciencia del poder de su razón, ya no hay que temer una recaída en las tinieblas y los fallos de épocas pasadas. Cada nueva generación añadirá algo al bien realizado por sus antepasados. Así, la humanidad está en vísperas de un avance continuo hacia condiciones más satisfactorias. El progreso constante es la naturaleza del hombre. Es vano quejarse de la supuesta felicidad perdida de una fabulosa edad de oro. El estado ideal de la sociedad está ante nosotros, no detrás.

---

[14] Cf. Sombart, Die drei Nationalökonomien (Munich, 1930).
[15] Cf. Sombart, Deutscher Sozialismus (Charlottenburg, 1934), p. 213. (En la edición americana: A New Social Philosophy, traducido y editado por K. F. Geiser, Princeton, 1937, p. 149.) Los logros de Sombart fueron apreciados en el extranjero. Así, por ejemplo, en 1929 fue elegido miembro honorario de la American Economic Association.

La mayoría de los políticos liberales, progresistas y democráticos del siglo XIX que defendían el gobierno representativo y el sufragio universal se guiaban por una firme confianza en la infalibilidad de la mente racional del hombre común. A sus ojos, las mayorías no podían equivocarse. Las ideas que se originaban en el pueblo y eran aprobadas por los votantes no podían sino ser beneficiosas para el bien común.

Es importante darse cuenta de que los argumentos esgrimidos a favor del gobierno representativo por el pequeño grupo de filósofos liberales eran muy diferentes y no implicaban ninguna referencia a una supuesta infalibilidad de las mayorías. Hume había señalado que el gobierno se basa siempre en la opinión. A la larga, la opinión de la mayoría siempre gana. Un gobierno que no se apoya en la opinión de la mayoría debe perder tarde o temprano su poder; si no abdica, es derrocado violentamente por la mayoría. Los pueblos tienen el poder de poner eventualmente al frente a aquellos hombres que están dispuestos a gobernar según los principios que la mayoría considera adecuados. No existe, a la larga, un gobierno impopular que mantenga un sistema que la multitud condena como injusto. El fundamento del gobierno representativo no es que las mayorías sean divinas e infalibles. Es la intención de lograr, por métodos pacíficos, el ajuste finalmente inevitable del sistema político y de los hombres que operan su mecanismo de dirección a la ideología de la mayoría. Los horrores de la revolución y la guerra civil pueden evitarse si un gobierno que no gusta puede ser desalojado sin problemas en las siguientes elecciones.

Los verdaderos liberales sostenían firmemente que la economía de mercado, el único sistema económico que garantiza una mejora constante del bienestar material de la humanidad, sólo puede funcionar en una atmósfera de paz imperturbable. Defendían el gobierno de los representantes elegidos por el pueblo porque daban por sentado que sólo este sistema preservaría de forma duradera la paz, tanto en los asuntos internos como en los externos.

Lo que separaba a estos verdaderos liberales de la ciega adoración de la mayoría de los autodenominados radicales era que basaban su optimismo respecto al futuro de la humanidad no en la confianza mística en la infalibilidad de las mayorías, sino en la creencia de que el poder del argumento lógico sólido es irresistible. No dejaron de ver que la inmensa mayoría de los hombres comunes son demasiado aburridos e indolentes para seguir y absorber largas cadenas de razonamiento. Pero esperaban que esas masas, precisamente a causa de su torpeza e indolencia, no podían dejar de respaldar las ideas que los intelectuales les aportaban. Del buen juicio de la minoría culta y de su capacidad para persuadir a la mayoría, los grandes líderes del movimiento liberal del siglo XIX esperaban la mejora constante de los asuntos humanos.

En este sentido, había pleno acuerdo entre Carl Menger y sus dos primeros seguidores, Wieser y Böhm-Bawerk. Entre los papeles inéditos de Menger, el profesor Hayek descubrió una nota que dice «No hay mejor medio para revelar lo absurdo de un modo de razonamiento que dejar que siga su curso completo hasta el final». A los tres les gustaba referirse a la argumentación de Spinoza en el primer libro de su *Ética* que termina en el famoso dictum: «*Sane sicut lux se ipsam et tenebras manifestat, sic veritas norma sui et falsi*». Contemplaban con calma la apasionada propaganda tanto de la escuela histórica como del marxismo. Estaban plenamente convencidos de que los dogmas lógicamente indefendibles de estas facciones acabarían siendo rechazados por todos los hombres razonables precisamente a causa de su absurdo y de que las masas de los hombres comunes seguirían necesariamente el ejemplo de los intelectuales.[16]

El acierto de este modo de argumentar radica en evitar la práctica popular de oponer una supuesta psicología al razonamiento lógico. Es cierto que a menudo los errores de razonamiento se deben a la disposición del individuo a preferir una conclusión errónea a la correcta. Incluso hay multitud de personas cuyos afectos simplemente les impiden pensar con rectitud. Pero está muy lejos el establecimiento de estos hechos a las doctrinas que en la última generación se enseñaron bajo la etiqueta de «sociología del conocimiento.» El pensamiento y el razonamiento humanos, la ciencia y la tecnología humanas son el producto de un proceso social en la medida en que el pensador individual se enfrenta tanto a los logros como a los errores de sus predecesores y entra en una discusión virtual con ellos, ya sea asintiendo o disintiendo. Es posible que la historia de las ideas haga comprensibles tanto los fallos como las hazañas de un hombre analizando las condiciones en las que vivió y trabajó. Sólo en este sentido es lícito referirse a lo que se llama el espíritu de una época, de una nación, de un medio. Pero es un razonamiento circular si se intenta explicar el surgimiento de una idea, y menos aún justificarla, refiriéndose al entorno de su autor. Las ideas siempre surgen de la mente de un individuo, y la historia no puede decir nada más sobre ellas que fueron generadas en un instante definido de tiempo por un individuo definido. No hay más excusa para el pensamiento erróneo de un hombre que lo que un Gobierno austriaco declaró una vez con respecto al caso de un general derrotado: que nadie responde por no ser un genio. La psicología puede ayudarnos a explicar por qué un hombre falló en su

---

[16] Hay que añadir que Menger, Böhm-Bawerk y Wieser veían con el mayor pesimismo el futuro político del Imperio austriaco. Pero este problema no puede ser tratado en este ensayo.

pensamiento. Pero ninguna explicación de este tipo puede convertir lo que es falso en verdad.

Los economistas austriacos rechazaron incondicionalmente el relativismo lógico implícito en las enseñanzas de la escuela histórica prusiana. Frente a las declaraciones de Schmoller y sus seguidores, sostenían que existe un conjunto de teoremas económicos que son válidos para toda acción humana con independencia del tiempo y el lugar, las características nacionales y raciales de los actores y sus ideologías religiosas, filosóficas y éticas.

La grandeza del servicio que estos tres economistas austriacos han prestado al mantener la causa de la economía contra la vana crítica del historicismo no puede ser sobrevalorada. No dedujeron de sus convicciones epistemológicas ningún optimismo sobre la evolución futura de la humanidad. Todo lo que se diga a favor del pensamiento lógico correcto no prueba que las generaciones venideras de hombres vayan a superar a sus antepasados en esfuerzo intelectual y logros. La historia muestra que una y otra vez períodos de maravillosos logros mentales fueron seguidos por períodos de decadencia y retroceso. No sabemos si la próxima generación engendrará personas capaces de continuar en la línea de los genios que hicieron tan gloriosos los últimos siglos. No sabemos nada sobre las condiciones biológicas que permiten a un hombre dar un paso adelante en la marcha del avance intelectual. No podemos excluir la suposición de que pueda haber límites a la ulterior ascensión intelectual del hombre. Y ciertamente no sabemos si en este ascenso no hay un punto más allá del cual los líderes intelectuales ya no pueden lograr convencer a las masas y hacer que sigan su ejemplo.

La deducción que los economistas austriacos extrajeron de estas premisas fue que, si bien el deber de una mente pionera es hacer todo lo que sus facultades le permitan, no le corresponde hacer propaganda de sus ideas, y menos aún utilizar métodos cuestionables para hacer que sus pensamientos sean aceptables para la gente. No les preocupaba la difusión de sus escritos. Menger no publicó una segunda edición de sus famosos *Grundsätze*, a pesar de que el libro estaba agotado desde hacía tiempo, de que los ejemplares de segunda mano se vendían a precios elevados y de que el editor le instaba una y otra vez a dar su consentimiento.

La principal y única preocupación de los economistas austriacos era contribuir al avance de la economía. Nunca intentaron ganarse el apoyo de nadie por otros medios que no fueran el poder de convicción desarrollado en sus libros y artículos. Contemplaron con indiferencia el hecho de que las universidades de los países de habla alemana, incluso muchas de las universidades austriacas, fueran hostiles a la economía como tal y aún más a las nuevas doctrinas económicas del subjetivismo.

El lugar de la escuela austriaca de economía en la evolución de la economía

1. La «escuela austriaca» y Austria

Cuando los profesores alemanes pusieron el epíteto de «austriaco» a las teorías de Menger y sus dos primeros seguidores y continuadores, lo hicieron en un sentido peyorativo. Después de la batalla de Königgrätz, la calificación de una cosa como austriaca siempre tuvo esa coloración en Berlín, esa «sede del *Geist*», como la llamó Herbert Spencer con sorna.[17] Pero el desprestigio que se pretendía hacer fracasó. Muy pronto la denominación de «Escuela Austriaca» se hizo famosa en todo el mundo.

Por supuesto, la práctica de asignar una etiqueta nacional a una línea de pensamiento es necesariamente engañosa. Son muy pocos los austriacos —y, en realidad, los no austriacos— que saben algo de economía, y aún es menor el número de austriacos a los que se puede llamar economistas, por muy generoso que sea uno a la hora de otorgarles este apelativo. Además, entre los economistas austriacos había algunos que no trabajaban en la línea de la llamada «Escuela Austriaca»; los más conocidos eran los matemáticos Rudolf Auspitz y Richard Lieben, y más tarde Alfred Amonn y Josef Schumpeter. Por otra parte, el número de economistas extranjeros que se aplicaron a la continuación de la labor inaugurada por los «austriacos» fue en constante aumento. Al principio, los esfuerzos de estos economistas británicos, americanos y otros no austriacos encontraron a veces oposición en sus propios países y fueron llamados irónicamente «austriacos» por sus críticos. Pero al cabo de algunos años, todas las ideas esenciales de la Escuela Austriaca fueron aceptadas en general como parte integrante de la teoría económica. Hacia la época de la desaparición de Menger (1921), ya no se distinguía entre una Escuela Austriaca y otra economía. La denominación «escuela austriaca» se convirtió en el nombre de un capítulo importante de la historia del pensamiento económico; ya no era el nombre de una secta específica con doctrinas diferentes a las de otros economistas.

---

[17] Cf. Herbert Spencer, The Study of Sociology, 9ª edición (Londres, 1880), p. 217.

Hubo, por supuesto, una excepción. La interpretación de las causas y del curso del ciclo comercial que el presente escritor proporcionó, primero en su *Teoría del dinero y del crédito*[18] y finalmente en su tratado *Acción humana*,[19] bajo el nombre de Teoría Monetaria o del Crédito de Circulación del ciclo comercial, fue llamada por algunos autores la Teoría Austriaca del ciclo comercial. Como todas las etiquetas nacionales de este tipo, ésta también es objetable. La Teoría del Crédito de Circulación es una continuación, ampliación y generalización de las ideas desarrolladas por primera vez por la Escuela Monetaria Británica y de algunas adiciones realizadas por economistas posteriores, entre ellos también el sueco Knut Wicksell.

Ya que ha sido inevitable referirse a la etiqueta nacional, «la escuela austriaca», se pueden añadir unas palabras sobre el grupo lingüístico al que pertenecían los economistas austriacos. Menger, Böhm-Bawerk y Wiser eran austriacos alemanes; su lengua era el alemán y escribieron sus libros en alemán. Lo mismo ocurre con sus alumnos más eminentes, Johann von Komorzynski, Hans Mayer, Robert Meyer, Richard Schiffler, Richard von Strigl y Robert Zuckerkandl. En este sentido, la obra de la «Escuela Austriaca» es un logro de la filosofía y la ciencia alemanas. Pero entre los alumnos de Menger, Böhm-Bawerk y Wieser también había austriacos no alemanes. Dos de ellos se han distinguido por sus eminentes contribuciones, los checos Franz Cuhel y Karel Englis.

2. El significado histórico del *Methodenstreit*

El peculiar estado de las condiciones ideológicas y políticas alemanas en el último cuarto del siglo XIX generó el conflicto entre dos escuelas de pensamiento de las que surgió el *Methodenstreit* y el

---

[18] Primera edición en alemán de 1912, segunda edición en alemán de 1924. Ediciones en inglés de 1934 y 1953.
[19] Yale University Press, 1949.

apelativo de «Escuela Austriaca». Pero el antagonismo que se manifestó en este debate no se circunscribe a un período o país determinado. Es perenne. Tal y como es la naturaleza humana, es inevitable en cualquier sociedad en la que la división del trabajo y su corolario, el intercambio de mercado, han alcanzado tal intensidad que la subsistencia de todos depende de la conducta de los demás. En una sociedad así, todo el mundo es servido por sus semejantes y, a su vez, él les sirve a ellos. Los servicios se prestan voluntariamente: para que un semejante haga algo por mí, tengo que ofrecerle algo que él prefiera a la abstención de hacer ese algo. Todo el sistema se basa en esta voluntariedad de los servicios intercambiados. Las inexorables condiciones naturales impiden que el hombre se entregue al disfrute despreocupado de su existencia. Pero su integración en la comunidad de la economía de mercado es espontánea, el resultado de la comprensión de que no hay un método mejor o, de hecho, no hay otro método de supervivencia abierto para él.

Sin embargo, el significado y el sentido de esta espontaneidad sólo lo entienden los economistas. Todos los que no están familiarizados con la economía, es decir, la inmensa mayoría, no ven ninguna razón para no coaccionar por medio de la fuerza a otras personas para que hagan lo que éstas no están dispuestas a hacer por sí mismas. Que el aparato de coacción física al que se recurra en tales esfuerzos sea el del poder policial del gobierno o una fuerza ilegal de «piquetes» cuya violencia el gobierno tolera, no supone ninguna diferencia. lo que importa es la sustitución de la acción voluntaria por la coacción.

Debido a una determinada constelación de condiciones políticas que podríamos llamar accidentales, el rechazo a la filosofía de la cooperación pacífica fue, en los tiempos modernos, desarrollado por primera vez en una doctrina integral por los súbditos del Estado prusiano. Las victorias en las tres guerras de Bismarck habían embriagado a los académicos alemanes, la mayoría de los cuales eran servidores del gobierno. Algunos consideraron un hecho característico que la adopción de las ideas de la escuela de Schmoller fuera más lenta en los países cuyos ejércitos habían sido derrotados en 1866 y 1870. Por supuesto, es absurdo buscar cualquier relación entre el auge de la teoría económica austriaca y las derrotas, fracasos y frustraciones del régimen de los Habsburgo. Sin embargo, el hecho de que las universidades estatales francesas se mantuvieran al margen del historicismo y de la *Sozialpolitik* durante más tiempo que las de otras naciones se debió, sin duda, al menos en cierta medida, a la etiqueta prusiana que llevaban estas doctrinas. Pero este retraso tuvo poca importancia práctica. Francia, como todos los demás países, se convirtió en un baluarte del intervencionismo y de la economía proscrita.

La consumación filosófica de las ideas que glorifican la injerencia del gobierno, es decir, la acción de los alguaciles armados, fue realizada por Nietzsche y por Georges Sorel. Ellos acuñaron la mayoría de las consignas que guiaron las carnicerías del bolchevismo, el fascismo y el nazismo. Los intelectuales que ensalzan las delicias del asesinato, los escritores que abogan por la censura, los filósofos que juzgan los méritos de los pensadores y autores, no según el valor de sus contribuciones, sino según sus logros en los campos de batalla,[20] son los líderes espirituales de nuestra época de perpetua lucha. ¡Qué espectáculo ofrecieron aquellos autores y profesores americanos que atribuían el origen de la independencia política y de la constitución de su propia nación a un hábil truco de los «intereses» y lanzaban miradas anhelantes al paraíso soviético de Rusia!

---

[20] Véanse los pasajes citados por Julien Benda, La trahison des clercs (París, 1927), nota 0, pp. 192-295.

La grandeza del siglo XIX consistió en que, en cierta medida, las ideas de la economía clásica se convirtieron en la filosofía dominante del Estado y la sociedad. Transformaron la sociedad de estatus tradicional en naciones de ciudadanos libres, el absolutismo real en un gobierno representativo y, sobre todo, la pobreza de las masas bajo el ancien regime en el bienestar de muchos bajo el laissez faire capitalista. Hoy, la reacción del estatismo y el socialismo está minando los cimientos de la civilización y el bienestar occidentales. Tal vez tengan razón quienes afirman que es demasiado tarde para evitar el triunfo final de la barbarie y la destrucción. Sea como sea, una cosa es cierta. La sociedad, es decir, la cooperación pacífica de los hombres bajo el principio de la división del trabajo, sólo puede existir y funcionar si adopta las políticas que el análisis económico declara aptas para alcanzar los fines buscados. La peor ilusión de nuestra época es la confianza supersticiosa depositada en panaceas que —como han demostrado irrefutablemente los economistas— son contrarias a los fines.

Los gobiernos, los partidos políticos, los grupos de presión y los burócratas de la jerarquía educativa creen que pueden evitar las inevitables consecuencias de las medidas inadecuadas boicoteando y silenciando a los economistas independientes. Pero la verdad persiste y funciona, aunque no quede nadie para pronunciarla.

www.ingramcontent.com/pod-product-compliance
Ingram Content Group UK Ltd.
Pitfield, Milton Keynes, MK11 3LW, UK
UKHW041346300625
6650UKWH00030B/684

9 798851 736889